Artistes | numéro **5**

VERMEER DE DELFT
ET LES SCÈNES DE GENRE

Le maître hollandais de la lumière

par Marion Hallet

50MINUTES

Avec la collaboration de Corinne Durand

VERMEER DE DELFT

- **Nom ?** Johannes Vermeer, dit Jan Vermeer ou Vermeer de Delft.
- **Naissance ?** Né le 31 octobre 1632 à Delft.
- **Mort ?** Décédé le 15 décembre 1675 à Delft.
- **Contexte ?** L'âge d'or hollandais (1583-1702), qui fait des Pays-Bas septentrionaux la première puissance commerciale mondiale et une terre extrêmement fertile du point de vue culturel.
- **Œuvres majeures ?**
  - *La Laitière* (vers 1660)
  - *Vue de Delft* (vers 1660-1661)
  - *Jeune femme à l'aiguière* (vers 1664)
  - *La Jeune Fille à la perle* (vers 1665)
  - *L'Art de la peinture* (vers 1666-1668)
  - *La Lettre d'amour* (vers 1669-1670)
  - *Allégorie de la Foi catholique* (vers 1670-1672)

Johannes Vermeer est le peintre de l'intrigue : actif à Delft, en Hollande, il évolue en marge des sentiers battus. Il est pourtant une référence importante de son époque et un témoin privilégié de la Hollande du XVIIe siècle. C'est une période complexe et très riche du point de vue de la réflexion esthétique, sur les moyens mis en œuvre par la peinture et sur la question de la place dévolue à la production artistique. Les historiens de l'art l'ont d'ailleurs baptisée « l'âge d'or de la peinture hollandaise ».

Vermeer appartient à la troisième et dernière génération de cette glorieuse époque, après Frans Hals (vers 1582-1666) et Rembrandt (1606-1669). Bien que l'artiste soit désormais mondialement célèbre, ilne bénéficiait à son époque que d'une notoriété restreinte aux frontières de sa ville et fut presque oublié après sa mort. Il faut attendre le XIXe siècle pour que l'Europe le redécouvre et que la critique encense son art, qui suscite alors un engouement sans précédent. Tandis que la réputation du maître ne cesse de s'amplifier, certains s'interrogent sur son parcours ainsi que sur la chronologie de ses toiles : la quantité des œuvres qui lui sont authentiquement attribuées s'avère en effet plutôt faible (entre 33 et 35 toiles) et des pans entiers de sa vie nous sont encore inconnus.

Reconnaissable à ses scènes de genre, principalement des intérieurs aux ambiances mystérieuses, intemporelles et poétiques, Vermeer associe des thèmes issus de la vie quotidienne et domestique de son époque à une grande maîtrise formelle et technique. Toutefois, si ses compositions réalistes dénotent un caractère familier, l'univers du peintre est bien souvent trop idéalisé pour être considéré comme représentatif du quotidien de ses concitoyens.

L'ÂGE D'OR HOLLANDAIS

La vie et l'œuvre de Vermeer s'inscrivent au cœur d'une période allant de 1583 à 1702 que les historiens nomment « le siècle d'or hollandais » (*De Golden* ou *Gouden Eeuw*, en néerlandais). Celui-ci se caractérise par :

- une paix politique plus ou moins généralisée au territoire de la République des Sept Provinces-Unies (la Hollande actuelle) ;
- une prospérité économique inédite, notamment grâce à la domination maritime et commerciale de la République sur la scène internationale. Les expéditions sur toutes les routes d'outre-mer sont nombreuses et les comptoirs se multiplient en Asie et en Amérique ;
- un épanouissement culturel et scientifique intense, alors sans équivalent en Europe.

LA SCISSION DES PAYS-BAS ESPAGNOLS

Le XVIIe siècle voit la scission des Pays-Bas espagnols. Le Sud (les actuels Belgique, Luxembourg et Nord de la France) demeure sous tutelle de la monarchie espagnole. La puissante église catholique y maintient la peinture religieuse particulièrement vivace, d'où l'épanouissement de l'art baroque dans toute sa grandiloquence. Fédéré autour de l'Union d'Utrecht en 1579, le Nord proclame son indépendance en 1581 (indépendance qui ne sera reconnue par l'Espagne qu'en 1648) et devient la République des Sept Provinces-Unies. Cette indépendance marque une rupture avec les traditions culturelles issues du catholicisme et des monarchies. Le Nord est en effet, depuis plusieurs décennies, gagné par la sensibilité humaniste et protestante, une doctrine qui pousse les artistes à adopter un langage plus sobre. À cette époque, en Hollande, les catholiques sont minoritaires et marginalisés, mais tolérés. C'est le cas de Vermeer et de sa famille.

Les Provinces-Unies forment une nation essentiellement bourgeoise dont la liberté individuelle, la liberté de culte (bien que relative) et la richesse matérielle constituent les trois piliers. Le bouillonnement et

le rayonnement de la culture hollandaise au XVIIe siècle sont étroite-
ment liés au développement d'une classe sociale moyenne montante,
la bourgeoisie entrepreneuriale.

Contrairement au reste de l'Europe, ce ne sont plus le titre ou le rang
reçu à la naissance qui régissent la société hollandaise, mais le statut
exprimé en termes de richesse, de revenus et de biens précieux. Il n'y
a d'ailleurs presque plus de noblesse héréditaire. Aussi le marché des
arts est-il conséquent. Négociants, marchands, guildes (associations
culturelles), représentants municipaux, collectionneurs, artisans et
employés en tout genre, guidés par leur désir d'ascension sociale et
dotés d'un goût artistique raffiné (le contact avec les produits étran-
gers et de luxe développe leur curiosité et leurs attentes), acquièrent
d'innombrables objets d'art afin d'asseoir leur statut.

UNE PEINTURE ADAPTÉE À LA NOUVELLE SOCIÉTÉ

Dans cette société avant tout matérialiste, les artistes doivent
répondre aux demandes des clients, soucieux de mettre en avant leur
prestige social. Il n'est donc pas étonnant de voir cette matérialité
fleurir au bout du pinceau des peintres : ceux-ci valorisent des thèmes
profanes ou dits « secondaires » en composant des œuvres réalistes
dans le prolongement des primitifs flamands, pour qui le réel était
une importante source d'inspiration.

LES PRIMITIFS FLAMANDS

Dès le XIVe siècle, sous l'impulsion du riche duché de Bourgogne, les Pays-Bas
méridionaux connaissent une activité artistique intense. Les artistes opèrent un
tournant dans le rendu de l'espace et révolutionnent la représentation du réel et
les techniques picturales. Grâce à la perspective et à l'actualisation des scènes
peintes, l'image devient un reflet de la réalité et non plus seulement de la spiritua-
lité. Les peintres pratiquent dans les villes prospères de Tournai, Anvers, Bruges,
Bruxelles et Gand, et sont désignés au XIXe siècle comme les primitifs flamands.

La peinture hollandaise du XVIIe siècle brille par la diversité des genres qu'elle propose. Chaque artiste a sa spécialité : portrait, marine, paysage, peinture de genre, nature morte, etc. Les thèmes religieux sont peu représentés car, depuis la Réforme, ils ne trouvent plus leur place au sein de la doctrine protestante et du foisonnement des genres picturaux qui tournent tous autour de l'homme : son environnement professionnel ou intime, son confort bourgeois, son quotidien, mais aussi le plaisir de ses sens, de la sérénité et de la nature.

L'ÉGLISE DANS LA TOURMENTE

Au XVIe siècle, l'Europe du Nord-Ouest est gagnée par la Réforme protestante, un mouvement religieux initié par le théologien Martin Luther (1483-1546) qui prône un retour aux bases du christianisme : il s'agit de mener une vie religieuse et sociale strictement respectueuse des principes de la Bible. L'Église catholique tente de reconquérir les régions gagnées au protestantisme en engageant, lors du concile de Trente (1545-1563), une Contre-Réforme portée par la promotion d'un art religieux pompeux qui donne naissance au baroque. De manière générale, le baroque privilégie les extrêmes, la métamorphose, l'exagération et le mouvement tumultueux, mais il connaît de multiples variétés régionales. Même s'ils sont contemporains, la peinture néerlandaise du siècle d'or et l'art baroque présentent peu de similitude. Par contre, la peinture flamande est emblématique du baroque du nord dont le pôle artistique majeur est la ville d'Anvers avec des représentants comme Peter Paul Rubens (1577-1640), Jacob Jordaens (1593-1678) ou encore Anthony Van Dyck (1599-1641).

DE MYSTÉRIEUX DÉBUTS

Joannis Vermeer (il préfère Johannes, la version latine de son prénom) naît le 31 octobre 1632 dans l'auberge parentale située dans le quartier du Voldersgracht, à Delft, ville où il vivra toute sa vie et réalisera l'ensemble de son œuvre. Delft est une petite cité des Pays-Bas septentrionaux réputée pour sa magnifique faïence teintée de bleu. Originaire d'une famille protestante de la classe moyenne, Vermeer se convertit au catholicisme quand il épouse, en 1653, Catharina Bolnes, une jeune fille aisée issue de la bourgeoisie catholique. Le couple emménage peu de temps après dans la nouvelle demeure de la mère de Catharina, au cœur de Delft, dans le quartier catholique où se situe également la guilde de Saint-Luc, l'association des artistes peintres dont Vermeer sera élu à la tête à trois reprises.

On ignore le parcours exact de Vermeer. Il est possible qu'il se soit rendu à Amsterdam ou à Leyde pour s'inspirer des meilleurs maîtres de son temps comme Érasmus Quellin (1607-1678) et Jacob van Loo (1614-1670). À Delft, Carel Fabritius (1622-1654), lui-même ancien élève de Rembrandt, lui aurait enseigné l'art de la perspective, un art que Vermeer perfectionnera inlassablement dans son approche de la lumière et des illusions d'optique. Par ailleurs, son père est tapissier : il vend des tableaux, des tapis et des tapisseries dans sa seconde auberge de la place du Marché de Delft. Il est probable que Vermeer y développe son goût pour les couleurs et la diversité des tissus et des étoffes.

LE MAÎTRE DES SCÈNES DE GENRE

Vermeer intègre la guilde de Saint-Luc de Delft en 1653. Il est alors officiellement peintre et exerce son art à son compte. À ses débuts, il est encore guidé par la tradition italienne et l'influence des caravagistes d'Utrecht et d'Amsterdam est alors significative. Son traitement pictural, réaliste, précis et rigoureux, est aisément reconnaissable. Durant cette première période de sa carrière, Vermeer se consacre d'ailleurs à la peinture d'histoire, un genre considéré comme majeur, et privilégie les thèmes évangéliques ou issus des récits mythologiques (comme c'est le cas dans *Le Christ chez Marthe et Marie* ou dans *Diane est ses compagnes*, toiles réalisées entre 1653 et 1656). Il souhaite vraisemblablement se faire un nom au sein de la confrérie.

LE « CARAVAGISME »

On appelle « caravagistes » les artistes se réclamant du Caravage (1571-1610), peintre italien actif à Rome au XVIe siècle dont l'influence se propage rapidement dans toute l'Europe. Le style du Caravage se caractérise par un réalisme inédit, un jeu de clair-obscur lui permettant de créer des contrastes saisissants et d'attirer le regard sur certains éléments de la composition, et des sujets religieux intégrés à un cadre profane et populaire. Parmi les continuateurs du Caravage aux Pays-Bas, on trouve Hendrik ter Brugghen (1588-1629), Gerrit Van Honthorst (1590-1656) ou encore Dirck Van Baburen (vers 1590-1624).

Toutefois, Vermeer se tourne vite vers les scènes de genre plus allégoriques, propices à une lecture spirituelle ou morale. Il n'échappe donc pas à la spécialisation de la peinture de son époque. Si Frans Hals est un grand portraitiste et Willem Heda (1594-1680) est connu pour ses natures mortes, Vermeer est incontestablement le maître des scènes de genre aux atmosphères intimes, familiales, silencieuses et poétiques. Dans cette nouvelle optique, l'artiste est fortement influencé par la composition des œuvres des peintres hollandais spécialisés comme lui dans les scènes d'intérieurs : Gerard Terburg (1617-1681), Gabriel Metsu (1629-1667) ou encore Nicolaes Maes (1634-1693), par exemple. Mais c'est de la peinture de Pieter de Hooch (1629-1684), qui exerce également à Delft à partir de 1653, que Vermeer tire le plus parti. Les deux artistes mettent un point d'honneur à reproduire de façon réaliste les effets de lumière et de texture, ce qui rend leur œuvre unique et immédiatement reconnaissable.

UNE VIE SUR LE FIL DU RASOIR

La situation professionnelle de Vermeer constitue une exception pour l'époque. Le peintre est remarqué et apprécié au cours de sa carrière, mais il ne connaît jamais une réputation internationale de son vivant, au contraire de Peter Paul Rubens, par exemple. La notoriété de Vermeer reste locale et il faut attendre le XIXe siècle pour que son nom apparaisse dans l'histoire de l'art hollandais. Cet anonymat relatif et la diffusion limitée de son œuvre peuvent en partie s'expliquer par le fait que, durant toute sa carrière, Vermeer n'a pratiquement qu'un seul commanditaire, le riche collectionneur Pieter Claez Van Ruijven (1624-1676) qui achète à la pièce et, heureusement pour le peintre et sa nombreuse famille (onze enfants quand même !), de façon régulière. Il acquiert près de la moitié des œuvres connues du maître et leur relation dépasse le cadre professionnel puisque Van Ruijven lui prête également de l'argent.

Par ailleurs, la production artistique de Vermeer est limitée : on lui attribue un peu plus d'une trentaine d'œuvres, ce qui équivaut à réaliser seulement un ou deux tableaux par an. La famille Vermeer vit donc difficilement de l'activité du peintre. En fait, celui-ci n'est pas intéressé par les compositions rentables, susceptibles de séduire d'autres mécènes. Il ne réalise pas non plus de commandes officielles et peint uniquement pour le plaisir de créer. Cela garantit le caractère authentique de ses œuvres, mais la situation financière des Vermeer ne tient souvent qu'à un fil. À la mort de son père, en 1655, l'artiste hérite du commerce et d'une manufacture de faïence, mais aussi d'importantes dettes. Lui-même connaît la faillite et disparaît en laissant sa famille au bord du gouffre. Par ailleurs, la Hollande traverse une période d'instabilité en raison d'une crise économique dès 1672 : la belle-mère de Vermeer perd les revenus de ses domaines et le marché de l'art se fige soudainement. Le mécène et bienfaiteur de la famille, Pieter Van Ruijven, meurt en 1674. Vermeer est affaibli par ces épreuves et s'éteint en 1675, laissant sa veuve et ses enfants dans une situation très précaire.

L'« ANNÉE DÉSASTREUSE »

1672 marque le déclin de la période faste hollandaise avec l'invasion des troupes du roi de France, Louis XIV (1638-1715), qui inaugure la guerre de Hollande (1672-1679), et, notamment, le siège de Maastricht. C'est la *rampjaar* ou l'« année désastreuse ».

CARACTÉRISTIQUES

UN RÉPERTOIRE RESTREINT, MAIS RICHE EN SYMBOLES

L'univers créé par Vermeer est étonnamment stable. Il peint de nombreuses variations du même thème dans l'espace clos de son atelier : un personnage, le plus souvent féminin, seul ou accompagné, est absorbé dans ses activités quotidiennes. Au travers de celles-ci et de certaines allusions picturales (vin, lettre, musique), Vermeer évoque notamment les thèmes de l'amour et de la séduction.

Souvent, le peintre insère des représentations de tableaux dans ses œuvres. Ce procédé, en vogue au XVIIe siècle, sert à évoquer le décor réaliste d'un intérieur bourgeois et à équilibrer les couleurs et la composition de la toile. Les tableaux cités sont aussi des clés qui éclairent la lecture allégorique, morale ou spirituelle des activités de la scène de genre peinte par Vermeer. Ainsi, le tableau accroché au mur et représentant un petit cupidon à peine lisible dans *Le Concert interrompu* (vers 1658-1661) confère un sens amoureux à la scène, évoquant soit le contenu de la lettre que les deux personnages représentés sont en train de lire, soit la nature de leur relation, soit les deux. La lecture des toiles de Vermeer est souvent hasardeuse, car les significations s'enchaînent, nous rappelant que toute interprétation est relative et doit rester ouverte : il y a un sens, mais il reste toujours incertain.

À côté de ces scènes de genre, Vermeer réalise également quelques portraits (*Portrait d'une jeune femme*, par exemple, ou encore la célèbre *Jeune Fille à la perle*) qui se distinguent nettement de ceux de ses contemporains, en vogue et bien rémunérés. Sa recherche de l'expression parfaite le conduit à concevoir des toiles dépouillées, destinées à laisser toute la place à la puissance émotionnelle des personnages. Il va plus loin encore en étudiant le visage féminin, seul et en buste. Les jeunes filles représentées ne sont pas identifiables : Vermeer ne souhaite pas fixer une personnalité, mais plutôt une expression ou un regard pris sur le vif, son attention étant focalisée sur les visages émergés du fond sombre et modelés par la lumière.

UNE PERSPECTIVE PARFAITE

Face à une œuvre de Vermeer, la perfection de la construction de l'espace saute aux yeux. Il peint presque toujours le même intérieur, son atelier, un espace clos qui présente toujours une ouverture sur l'extérieur, que ce soit sous la forme d'une carte géographique, d'un miroir, d'une porte ouverte ou encore d'une fenêtre qui laisse entrer une lumière naturelle, le plus souvent par la gauche. Il compose son tableau à la manière d'un metteur en scène : il égaye l'espace réduit de son atelier en variant les meubles, les objets, les tentures, l'éclairage, les personnages et les costumes. On peut d'ailleurs retrouver ces éléments de toile en toile.

Vermeer travaille rigoureusement l'espace, la profondeur et la composition de ses œuvres grâce aux lignes imaginaires tracées à partir de la lumière, des ombres, des meubles et des objets. C'est ce qu'on appelle la perspective. Ces lignes atteignent un tel niveau de justesse et de précision que beaucoup de spécialistes soutiennent qu'il utilise la *camera obscura*. C'est d'autant plus probable que les analyses scientifiques et technologiques de ses toiles démontrent l'absence d'un quadrillage sous-jacent aux couches picturales ou même de dessins préparatoires.

LA *CAMERA OBSCURA*

La *camera obscura*, ou chambre noire, est l'ancêtre de notre appareil photo. Il s'agit d'un instrument d'optique connu depuis l'Antiquité permettant d'obtenir sur un écran une image en deux dimensions grâce aux rayons lumineux qui s'engouffrent au travers d'une lentille. Il convient donc de protéger l'écran de la lumière environnante en le couvrant (*obscura*) de telle sorte que ce soit uniquement le trou de la lentille qui intercepte les rayons de ce qui est placé en face de lui. L'image obtenue est une projection ; les méthodes de fixation de l'image seront inventées des siècles plus tard. La *camera obscura* aide le peintre à mettre en place son tableau en observant sur l'écran ce que serait le résultat obtenu en deux dimensions. De nombreux grands maîtres de l'art, notamment le peintre italien Canaletto (1697-1768), ont recours à cette technique.

DES COULEURS ET UNE TOUCHE INIMITABLES

Les associations originales de couleurs sont emblématiques du travail de Vermeer : il aime beaucoup les tons vifs, comme le jaune, le rouge vermillon et le bleu d'outremer obtenu à partir du lapis-lazuli, une pierre très coûteuse, mais qui, broyée, offre une couleur inimitable. L'artiste utilise une palette restreinte, composée essentiellement d'une vingtaine de pigments.

Vermeer commence toujours par peindre les grandes surfaces (un rideau, un manteau, une robe, un corsage, une coiffe) avec des couleurs unies. Conscient des propriétés émanant des mariages de couleurs, il peint ensuite des sous-couches de teintes différentes à celle de la couche picturale supérieure : il y a du bleu sous ses rouges et blancs, du blanc et du rouge sous ses bleus. Cela donne une vibration et un éclat inédits aux couleurs, comme c'est le cas de la robe et de la serviette dans *La Jeune Fille au verre de vin* (vers 1658-1660), par exemple. Enfin, minutieusement, il ajoute des couches de pigments et un glacis (couche de couleur translucide et parfois transparente appliquée en fin de travail pour amplifier l'effet de profondeur). Lorsque l'on observe un tableau de Vermeer, la précision est évidente, mais, à y regarder de plus près, on se rend compte que chaque composant est peint de façon légèrement floue. Sa touche est très particulière : par endroits, l'artiste opte pour de minuscules pointillés de couleurs. Ces différentes techniques permettent des fondus et des dilatations de la lumière, des variations de tons, des contrastes subtils et une texture onctueuse, autant d'éléments caractéristiques des toiles de Vermeer.

SÉLECTION D'ŒUVRES

LA LAITIÈRE

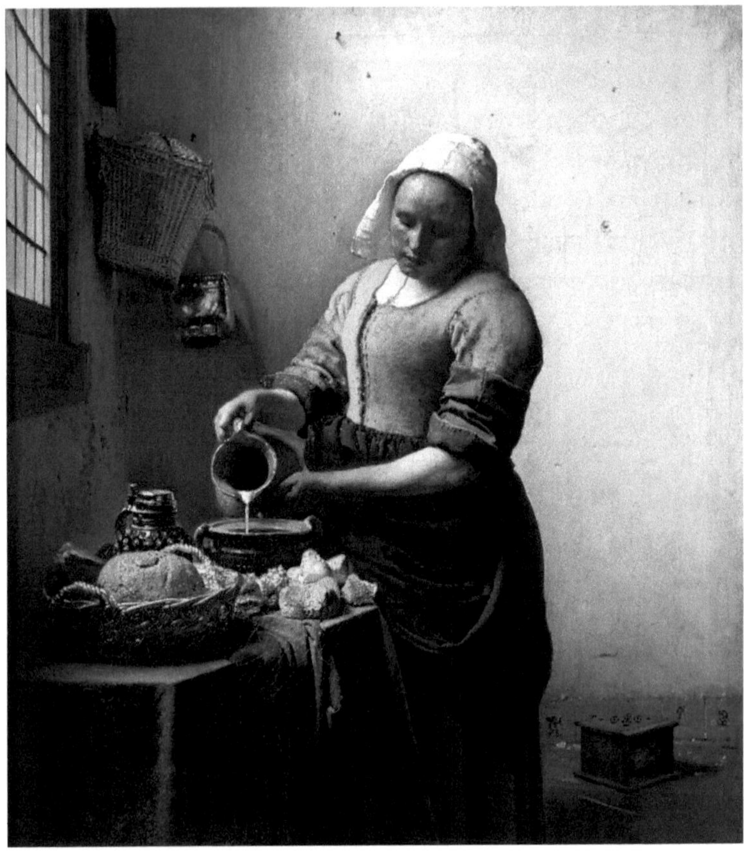

La Laitière, vers 1660, huile sur toile, 45,5 x 41 cm, Amsterdam, Rijksmuseum.

Mondialement célèbre, *La Laitière* incarne la quintessence de l'œuvre de Vermeer : on y retrouve sa maîtrise des règles de la perspective et son traitement réaliste de la lumière.

La toile est d'une qualité artistique indiscutable : le peintre parvient à dépasser son sujet en faisant du simple fait de verser de la crème un geste somptueux. Il crée un moment intense et suspendu, où simplicité et beauté sont en équilibre absolu.

Cet équilibre et les contrastes subtils de l'œuvre tiennent à peu d'éléments : Vermeer nous rapproche de son personnage, il associe des couleurs simples et franches (jaune, bleu, rouge et blanc) et opte pour un mur nu en arrière-plan, un espace dépouillé destiné à recevoir la lumière émanant de la fenêtre et à la renvoyer vers le personnage. Si la fenêtre n'ouvre pas vers l'extérieur, la laitière n'est pas pour autant isolée : le spectateur n'a pas l'impression d'un espace confiné car la lumière inonde la scène.

Vermeer choisit toujours avec soin les détails qui donnent vie et authenticité à ses œuvres : ici, une vitre cassée, les carreaux en faïence de Delft, des accessoires de cuisine, un costume fidèle à la réalité des domestiques de l'époque. Le vibrato de la touche picturale, les éclats de la lumière sur la nature morte de l'avant-plan et la perfection des lignes de perspective sont des effets obtenus grâce à l'utilisation de la *camera obscura*.

LA LEÇON DE MUSIQUE

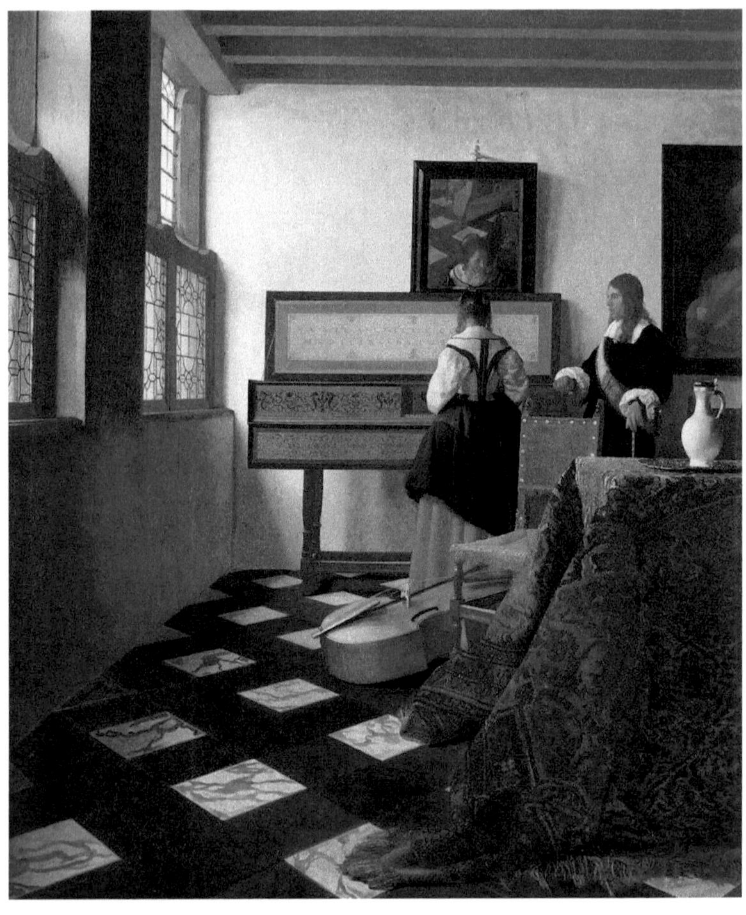

La Leçon de musique, vers 1662-1664, huile sur toile, 74 x 64,6 cm, Londres, Windsor Castle, The Royal Collection.

Cette œuvre est en relation évidente avec *Le Concert* (vers 1665), mais elle est aussi fort différente : les fenêtres visibles à gauche emplissent la pièce de lumière et, malgré des éléments identiques (table, chaise, viole de gambe), le cadrage est plus large et inclut le plafond. La façon dont Vermeer construit rigoureusement l'espace à l'aide des perspectives crée un effet de va-et-vient, le regard du spectateur parcourant la pièce d'un bout à l'autre : le sol en pente et la ligne d'horizon basse nous plongent dans la scène et nous conduisent vers le groupe au fond, mais différents obstacles se dressent entre nous et les personnages, protégeant leur intimité.

On remarque, au-dessus de l'épinette, la présence d'un miroir. Il reflète le visage de la jeune fille et un hors champ, c'est-à-dire un élément extérieur à la scène représentée : on distingue en effet le reflet des pieds du chevalet du peintre. Vermeer partage donc le même espace que ses personnages, mais, en même temps, il se tient aussi en dehors, comme le spectateur, puisqu'il peint cet espace artificiel. Vermeer fait ici allusion à l'exclusion : beaucoup d'éléments ne sont vus que partiellement, ce qui indique le caractère insaisissable des apparences de notre monde. Il en va de même du sens de ses toiles, qui reste ambigu.

Dans ce tableau, le peintre a également recours à un thème récurrent de son œuvre : la relation entre la musique et l'amour. L'inscription sur le couvercle de l'instrument est un indice du contexte de la scène. Elle dit en latin : « Compagne de la joie, remède des douleurs », suggérant que Vermeer explore la relation entre la jeune fille et le gentilhomme. Dans *La Leçon de musique* ou *Homme et Femme devant un virginal* (vers 1665), Gabriel Metsu explore une composition similaire où deux personnages sont en relation directe et où l'échange amoureux est clairement lisible. Chez Vermeer, il est plus difficile de savoir où en est la relation amoureuse car l'homme, emprisonné par les obstacles, regarde la jeune fille, indifférente. Mais le peintre prend pourtant la liberté de changer la position de sa tête dans le reflet du miroir : elle regarde donc indirectement son professeur. Quant au tableau représenté en partie dans le fond à droite, il s'agirait d'une citation d'une toile de Dirck van Baburen que possédait la belle-mère de Vermeer et qui montre l'allégorie de la charité romaine.

FEMME EN BLEU LISANT UNE LETTRE

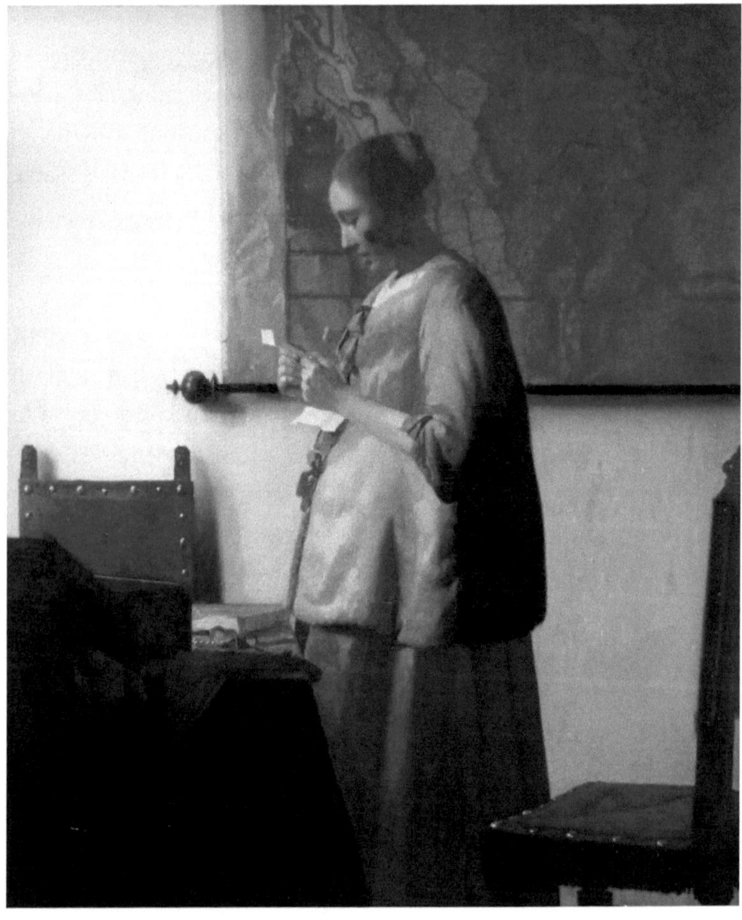

Femme en bleu lisant une lettre, vers 1663, huile sur toile, 46,5 x 39 cm, Amsterdam, Rijksmuseum.

Ce tableau représente un moment calme et privé : une jeune femme est absorbée par la lecture d'une lettre dans la lumière du matin. Elle porte toujours sa robe de chambre. Les couleurs grises et terreuses de la composition mettent en valeur le bleu de la robe. Par rapport à d'autres toiles de Vermeer, l'ambiance est ici plus sombre et les effets de masse (chaises, table, carte) sont plus importants. La carte géographique ornant le mur sert à resserrer le cadrage de la composition, ce qui aide le spectateur à entrer dans l'intimité de la lecture, mais, paradoxalement, les meubles constituent des obstacles au regard et le maintiennent à distance.

Plus que jamais, Vermeer reproduit les effets lumineux de cet instant du jour avec une précision extraordinaire, faisant de la lumière sa plus grande alliée dans l'anoblissement d'un geste aussi banal et quotidien que la lecture d'une lettre. On relève, par exemple, la tonalité gris pâle de la peau de la jeune femme et les ombres légèrement bleutées sur le mur. En ne délimitant pas ses formes d'un trait noir, Vermeer fait en sorte qu'elles se fondent l'une dans l'autre et que la lumière devienne une matière à part entière, presque palpable.

L'ART DE LA PEINTURE

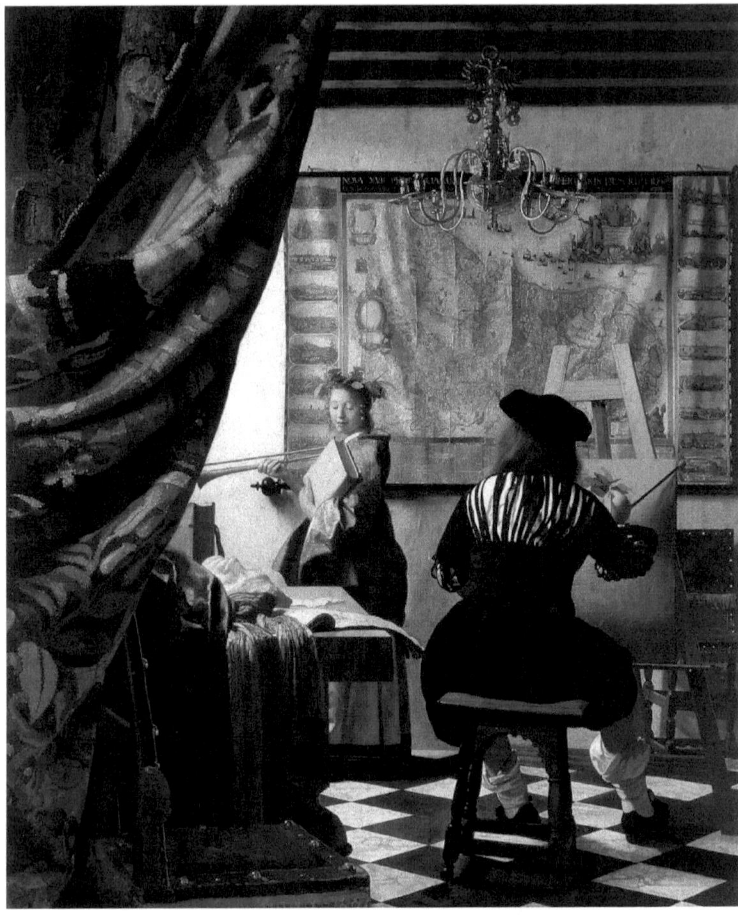

L'Art de la peinture, vers 1666-1668, huile sur toile, 120 x 100 cm, Vienne, Kunsthistorisches Museum.

Cette toile est importante aux yeux de Vermeer, car elle traduit son ambition. En atteste notamment sa signature, dans le coin inférieur droit de la carte accroché au mur, et le format, inhabituel pour une toile du maître, qui rappelle les dimensions d'une peinture d'histoire.

Il s'agit de la représentation d'un atelier comme le décrivait l'artiste et savant italien Léonard de Vinci (1452-1519) : un endroit luxueux et propre, à l'opposé d'un lieu de travail encombré plus proche de la réalité. Le caractère allégorique du tableau est évident. La scène se compose de deux personnages : une jeune fille pose avec les attributs de la renommée (trompette et couronne de laurier) et de l'histoire (livre) et Vermeer lui-même réalise le portrait du modèle. La tenture se soulève et le spectateur surprend le peintre dans son atelier. Le point de fuite tombe sur le bord de la carte décorant le mur : cela ne correspond pas au point de vue du personnage de Vermeer, nettement plus haut, mais bien à celui du spectateur. Cette vue plongeante sur la scène accentue l'implication de ce dernier. Toutefois, la lecture de la toile s'avère compliquée. Un masque sculpté, un livre fermé et un cahier ouvert sont posés sur la table. La jeune femme serait-elle alors une allégorie du théâtre, de la sculpture, de l'architecture ou de la musique ? Le peintre est présenté de dos : si le sujet de l'œuvre est l'art de la peinture, pourquoi l'artiste ne montre-t-il pas son visage ? S'agit-il vraiment de Vermeer ? La masse de cheveux et le pourpoint qu'il porte sont identiques à son autoportrait dans *L'Entremetteuse* (1656), mais la toile peinte par ce personnage présente un dessin sous-jacent, or Vermeer n'utilise jamais cette technique.

Enfin, la carte craquelée sur le mur représente les anciens Pays-Bas, soit les 17 provinces encore sous la domination espagnole des Habsbourgs (leur emblème, l'aigle bicéphale, compose le lustre) et évoque la rupture entre les régions méridionales et septentrionales du pays. Le titre de la carte est plus intéressant encore : « Nova Descriptio » (« Nouvelle description » en français). Vermeer établit ainsi un lien entre la carte, le concept de la description et la peinture. La géographie permet de visualiser les connaissances en en proposant une image descriptive. Il faut donc comprendre « Nova Descriptio » comme un manifeste de l'œuvre de Vermeer : celui-ci met en place un « nouveau regard » sur la peinture, privilégiant l'évocation plutôt que la pure représentation de la réalité. La jeune femme représentée est une allégorie de l'art de la peinture telle que la considère Vermeer.

ALLÉGORIE DE LA FOI

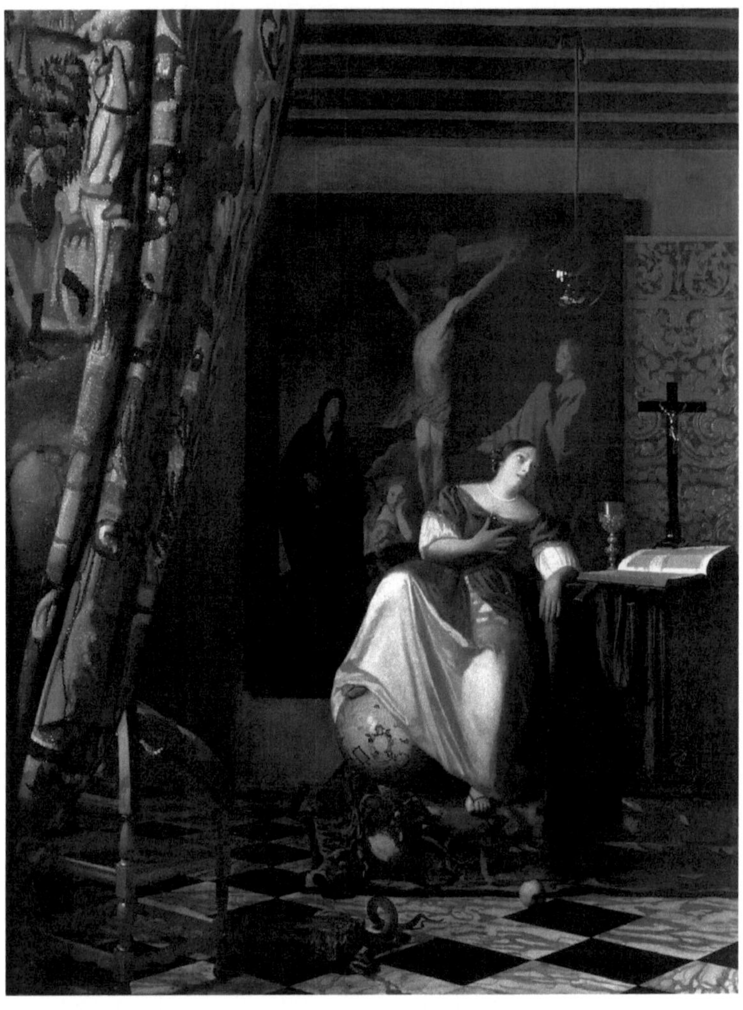

Allégorie de la Foi, vers 1670-1672, huile sur toile, 114,3 x 88,9 cm, New York, The Metropolitan Museum of Art.

Voici une œuvre surprenante de la part de Vermeer. Le tableau, en introduisant un thème théologique à l'intérieur d'un décor bourgeois, est en rupture avec le répertoire habituel du peintre, même avec ses toiles de jeunesse qui représentent pourtant des sujets religieux. En effet, Vermeer fusionne ici deux univers picturaux : la peinture religieuse et la scène de genre. Après tout, la foi se vit au quotidien, à la maison aussi. La pièce représentée se révèle derrière une lourde tapisserie et peut faire penser à la chapelle privée d'une maison bourgeoise. Mais, sachant que Vermeer naît calviniste avant de se convertir au catholicisme à l'occasion de son mariage, l'artiste fait peut-être référence aux églises clandestines où les catholiques pratiquent leur culte, la Hollande étant officiellement protestante.

Symboliquement, cette toile s'oppose à la doctrine protestante, considérée comme une hérésie par les catholiques et incarnée par le serpent écrasé par une pierre à l'avant-plan : le mal est vaincu par le Christ, la pierre angulaire de l'église. Le geste dramatique de l'allégorie de la Foi, qui porte la main à son cœur, le lieu de la vraie foi, et son regard extasié tourné vers le ciel, tranchent avec les visages calmes et absorbés auxquels nous a habitué Vermeer. La toile est par ailleurs truffée de symboles catholiques : on y observe une Bible, un calice, un crucifix et, sur le mur du fond, une version simplifiée de la *Crucifixion* (1618-1630) de Jacob Jordaens qui figurait parmi les possessions de sa belle-mère ; la pomme du péché originel roule sur le sol ; la boule de verre suspendue au plafond symbolise le paradis céleste et la Foi s'appuie sur un autel. En outre, le globe terrestre sur lequel l'allégorie pose son pied droit a un double sens : la Foi a le monde à ses pieds et l'âme du monde est habitée par la Foi.

Le tableau répond aux goûts de son temps. Vermeer aurait-il pour une fois cédé aux contraintes imposées par une commande ? C'est possible : il a plus que jamais besoin d'argent dans les années 1670.

Une lumière bien régulée

La boule suspendue au plafond est en verre et réfléchit les sources de lumière de Vermeer, les fenêtres de son atelier. On découvre que celles-ci sont dotées d'un système de volets qui permet de réguler la quantité de lumière dans la pièce. Ce système est montré dans le film *La Jeune Fille à la perle* (Peter Webber, 2003) où l'on voit l'héroïne, incarnée par Scarlett Johansson, manipuler les volets.

VERMEER, UNE SOURCE D'INSPIRATION

Il est difficile de dire quels artistes sont directement influencés par Vermeer car sa réputation, de son vivant, peine à s'étendre au-delà de Delft. De plus, il n'a sans doute jamais pris d'élèves. Par contre, sa fortune critique et populaire est immense, et Vermeer est aujourd'hui connu aux quatre coins du monde. Il suffit de voir le succès des expositions et des ouvrages qui lui sont consacrés tout au long du XXe siècle ou encore les publicités à l'effigie de ses œuvres. Tombé dans l'oubli après sa mort, Vermeer est redécouvert dans la deuxième moitié du XIXe siècle grâce aux articles du Français Étienne-Joseph-Théophile Thoré (1807-1869), un critique d'art et un journaliste fasciné par sa première confrontation avec une toile du maître, *Vue de Delft* (vers 1660-1661). Il lui consacre trois papiers publiés sous le pseudonyme de W. Bürger dans la *Gazette des beaux-arts* entre octobre et décembre 1866. Thoré-Bürger est le premier à dresser un catalogue des œuvres de Vermeer, catalogue qui contient quelques 70 entrées et qui sera revu, débattu et corrigé plusieurs fois par bon nombre d'historiens de l'art. Certaines attributions sont, aujourd'hui encore, sujettes à controverses.

De nombreux intellectuels, peintres, écrivains et même musiciens disent être inspirés par les tableaux de Vermeer et lui rendent de vibrants hommages, amplifiant la réputation du maître hollandais. Des artistes tels que Camille Pissarro (1830-1903), Pierre-Auguste Renoir (1841-1919) ou encore Vincent van Gogh (1853-1890) relèvent l'intensité et l'éclat de ses couleurs, ainsi que son travail des effets de textures et de lumière par petites touches morcelées, une technique que les impressionnistes pousseront à l'extrême.

En ne peignant pas les choses exactement, mais plutôt avec une précision apparente, Vermeer évoque la matière plus qu'il ne la représente. Il peut dès lors être considéré, au même titre sans doute que Rembrandt et les impressionnistes, comme un peintre « atmosphérique ». Les objets de Vermeer assemblés en nature morte font également penser à celles de Paul Cézanne (1839-1906). Aussi l'écrivain Marcel Proust (1871-1922) est-il un grand admirateur de Vermeer, de l'atmosphère mystérieuse qui émane de ses œuvres et de l'émotion que celles-ci suscitent. Des sensations que l'on retrouve dans *À la recherche du temps perdu* (1913-1927), dont plusieurs tomes font référence à la *Vue de Delft*.

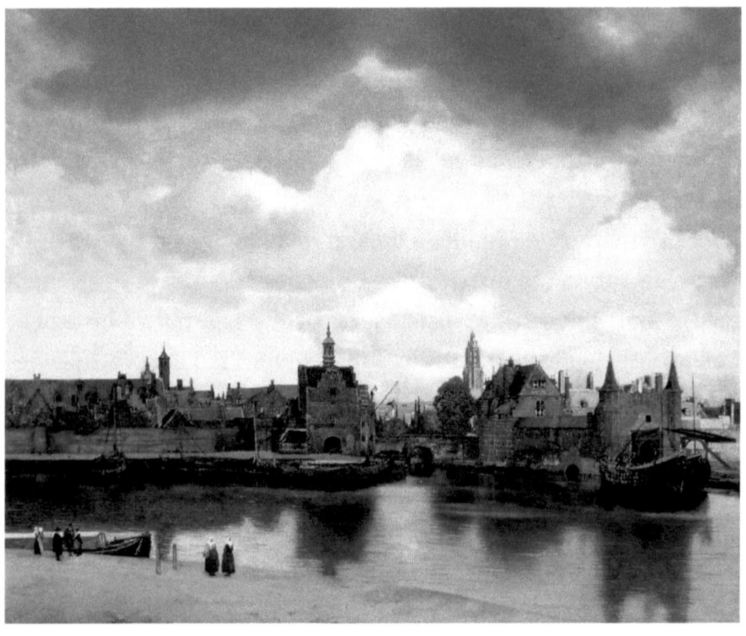

VERMEER (Johannes), *Vue de Delft*, vers 1660-1661, huile sur toile, 98,5 x 115,7 cm, La Haye, Mauritshuis.

L'IMPRESSIONNISME

En France, dans la deuxième moitié du XIXe siècle, les artistes impressionnistes révolutionnent la peinture académique. Ils ne souhaitent plus suivre les règles bien-pensantes des Salons de la Peinture de Paris et préfèrent porter sur la toile leurs propres impressions face à la réalité. Celle-ci n'est donc plus fidèlement représentée, elle devient subjective. Le tube de peinture en métal souple est d'ailleurs inventé vers 1840, et permet aux artistes de peindre en plein air, d'explorer les combinaisons de couleurs vives et les jeux de lumière qu'offrent les sujets issus de la nature et de la vie quotidienne. La photographie est également une technique qui chamboule les règles classiques du cadrage et des angles de vue et introduit le concept de la capture de l'instant si cher aux impressionnistes.

EN RÉSUMÉ

- Vermeer naît en 1632 à Delft, où il passe toute sa vie, à l'époque de l'âge d'or de la peinture hollandaise. Si son talent est reconnu, sa réputation ne s'étend pas au-delà de son vivant et de sa ville. Né calviniste, il se convertit au catholicisme lorsqu'il se marie. Mais il est très rare qu'il peigne des sujets proprement religieux.

- Vermeer ne cherche pas à suivre une mode et travaille lentement, uniquement par plaisir de créer. Heureusement, son art séduit un collectionneur fortuné qui achète la plupart de ses toiles, permettant aux Vermeer de vivre. Le peintre laisse pourtant d'importantes dettes à sa veuve.

- Vermeer est le maître des scènes de genre allégoriques où le sens moral ou spirituel se révèle peu à peu tout en demeurant volontairement ambigu.

- Il aime peindre des sujets féminins confrontés à une lumière naturelle diffuse par une fenêtre, au cœur d'un espace intérieur sobre et savamment construit, ni trop dépouillé, ni trop encombré, qui laisse la place au silence et à l'intimité du quotidien.

- Vermeer est reconnu pour la puissance du moment qu'il représente, la présence de ses figures et ses effets de matières, de contrastes lumineux et de textures. C'est le résultat d'une perspective parfaite (obtenue grâce à la *camera obscura*) combinée à une touche picturale morcelée et à d'audacieuses associations de couleurs.

- L'œuvre de Vermeer influence beaucoup d'artistes et d'intellectuels : les peintres impressionnistes, notamment, apprécient ses effets picturaux et poussent plus loin sa technique en pointillés. Eux aussi désirent emprisonner la lumière.

POUR ALLER PLUS LOIN

SOURCES BIBLIOGRAPHIQUES

- BLUCHE (François) (dir.), *Dictionnaire du Grand Siècle*, édition revue et corrigée, Paris, Fayard, 2005.
- BROOK (Timothy), *Vermeer's Hat: The Seventeenth Century and the Dawn of the Global World*, New York, Bloomsbury Press, 2008.
- BROOS (Ben) et WHEELOCK (Arthur K. Jr.) (dir.), *Johannes Vermeer*, catalogue d'exposition (The National Gallery of Art, Washington D.C., Novembre 1995 – février 1996), New Haven, Yale University Press, 1995.
- FRANITS (Wayne), *Dutch Seventeenth-Century Genre Painting: Its Stylistic and Thematic Evolution*, New Haven, Yale University Press, 2004.
- FRANITS (Wayne), « Johannes Vermeer: An Overview of His Life and Stylistic Evolution », in FRANITS (Wayne) (dir.), *The Cambridge Companion to Vermeer*, Cambridge, Cambridge University Press, 2001.
- GASKELL (Ivan) et JONKER (Micheal) (dir.), *Vermeer Studies*, Washington, National Gallery of Art, 1998.
- LIEDTKE (Walter A.) (dir.), *Vermeer and the Delft School*, catalogue d'exposition (Metropolitan Museum of Art, New York, Mars – Mai 2001 ; National Gallery, Londres, Juin – Septembre 2001), New Haven, Yale University Press, 2001.
- MONTIAS (John Michael), *Vermeer and His Milieu: A Web of Social History*, Princeton, Princeton University Press, 1989.
- NORTH (Michael), *Das Goldene Zeitalter. Kunst und Kommerz in der niederländischen Malerei des 17. Jahrhunderts*, Cologne, Böhlau, 2001.

- VOOGD (Christophe de), *Histoire des Pays-Bas. Des origines à nos jours*, Paris, Fayard, 2003.
- WEBER (Gregor J.M.), *A Question of Framing: On Vermeer's "Woman in Blue Reading a Letter"*, in *The Rijksmuseum Bulletin*, vol. 60, 2012, p. 20-27.
- WIESEMAN (Mary Bittner), *Vermeer and the Art of Silence*, in *The Journal of Aesthetics and Art Criticism*, vol. 64, n° 3, été 2006, p. 317-324.
- WILSON (Charles), *La République hollandaise des Provinces-Unies*, traduction d'Andrée Tranchant, Paris, Hachette, 1968.

SOURCES ICONOGRAPHIQUES

- VERMEER (Johannes), *Allégorie de la Foi*, vers 1670-1672, huile sur toile, 114,3 x 88,9 cm, New York, The Metropolitan Museum of Art. La photo reproduite est réputée libre de droits.
- VERMEER (Johannes), *Femme en bleu lisant une lettre*, vers 1663, huile sur toile, 46,5 x 39 cm, Amsterdam, Rijksmuseum. © Patrick Denker.
- VERMEER (Johannes), *La Laitière*, vers 1660, huile sur toile, 45,5 x 41 cm, Amsterdam, Rijksmuseum. La photo reproduite est réputée libre de droits.
- VERMEER (Johannes), *La Leçon de musique*, vers 1662-1664, huile sur toile, 74 x 64,6 cm, Windsor Castle, The Royal Collection. La photo reproduite est réputée libre de droits.
- VERMEER (Johannes), *L'Art de la peinture*, vers 1666-1668, huile sur toile, 120 x 100 cm, Vienne, Kunsthistorisches Museum. La photo reproduite est réputée libre de droits.
- VERMEER (Johannes), *Vue de Delft*, vers 1660-1661, huile sur toile, 96,5 x 115,7 cm, La Haye, Mauritshuis. La photo reproduite est réputée libre de droits.

SOURCES COMPLÉMENTAIRES

- *La Jeune Fille à la perle*, film de Peter Webber, avec Scarlett Johansson, Colin Firth et Tom Wilkinson, Royaume-Uni et Luxembourg, 2003.

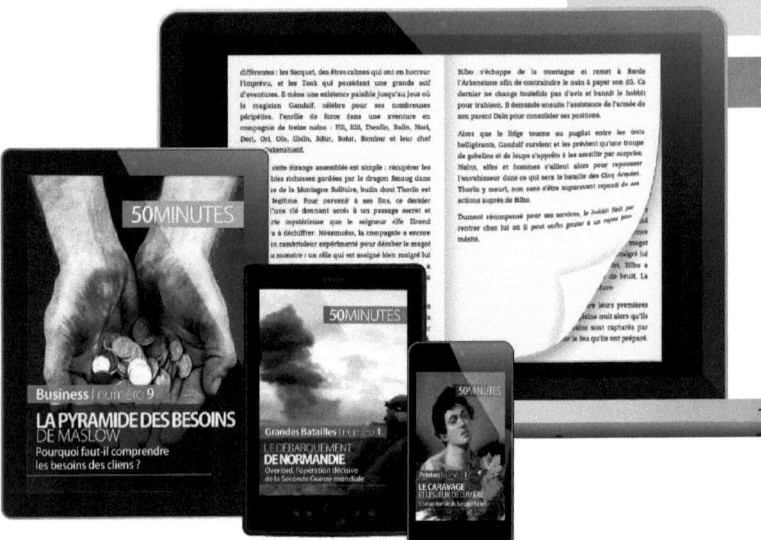

50MINUTES

Art

Business

Histoire

50MINUTES

Business | numéro 9
LA PYRAMIDE DES BESOINS
DE MASLOW
Pourquoi faut-il comprendre
les besoins des cliens ?

50MINUTES

Grandes Batailles | numéro 1
LE DÉBARQUEMENT
DE NORMANDIE
Overlord, l'opération décisive
de la Seconde Guerre mondiale

50MINUTES

LE CARAVAGE
ET LES JEUX DE LUMIÈRE

SOYEZ LÀ
OÙ ON NE VOUS ATTEND PAS !

www.50minutes.com

www.50minutes.com

Éditeur responsable : Lemaitre Publishing
Rue Lemaitre 6 | BE-5000 Namur
info@lemaitre-editions.com

ISBN ebook : 978-2-8062-5776-5
ISBN papier : 978-2-8062-5777-2
Dépôt légal : D/2014/12603/157
Photo de couverture : © *La Laitière,* par Johannes Vermeer, vers 1660.

Conception numérique : Primento,
le partenaire numérique des éditeurs